L'ANCIEN COUVENT DES CARMES D'AULNAY

L'ANCIEN COUVENT DES CARMES D'AULNAY

La petite ville d'Aulnay mérite, à plus d'un titre, l'attention de l'historien et de l'antiquaire. D'une origine reculée puisqu'elle figure, comme station romaine, sous le nom d'*Aunedonacum*, dans la célèbre Carte de Peutinger, elle acquit, au moyen-âge, une importance qu'attestent d'intéressants vestiges du passé. Chef-lieu d'une vicomté étendue dont les seigneurs étaient grands chambellans du Poitou, elle fut réunie à la Couronne sous le règne de François Ier, et devint, bientôt après, le siége d'une prévôté royale (1) et d'une gruerie des eaux et forêts. Aujourd'hui les ruines de son château-fort rappellent encore le souvenir de ses anciens vicomtes, et son église, œuvre délicate d'un art à la fois naïf et grandiose, est pour l'archéologue un sujet d'instructives études. Non loin de ce remarquable spécimen de l'architecture romane à la dernière période, s'élèvent des constructions assez vastes, mais dont l'aspect peu monumental n'attire point les regards du voyageur, qui passe auprès avec indifférence : c'est l'ancien couvent des carmes déchaussés. Cette paisible retraite, consacrée autrefois à la méditation et à la prière, a traversé bien des vicissitudes depuis sa naissance jusqu'au jour où la Révolution a dispersé les moines qui l'habitaient.

I

Malgré ses mœurs grossières et ses habitudes de violence, la noblesse du moyen-âge n'en con-

---

(1) Elle ressortissait à la sénéchaussée de Civray, avec les prévôtés de Melle, Usson et Chizé, parmi lesquelles elle prétendait occuper le premier rang.

servait pas moins, au fond du cœur, un grand respect pour l'Eglise et une foi sincère dans les dogmes qu'elle enseigne. La crainte des châtiments éternels, après avoir sommeillé pendant le cours d'une vie aventureuse et guerrière, se réveillait quelquefois aux approches de la mort et se manifestait, soit par d'abondantes aumônes, soit par l'édification de monastères richement dotés. C'est à un sentiment de cette nature que le couvent des carmes d'Aulnay doit son existence. Il fut fondé, vers l'année 1350 (1), par haut et puissant seigneur messire Pons de Mortagne, vicomte d'Aulnay et grand chambellan du Poitou, « *désireux d'assurer, par cette œuvre pie, le salut de son âme* ». Il le plaça sous l'invocation de la *Benoiste Vierge Marie*, et abandonna aux religieux le terrain où devaient s'élever les constructions, à peu près à égale distance de son château et de la voie romaine qui reliait autrefois Poitiers à Saintes. Il y joignit la quantité de terres et de prés nécessaires pour former un parc dont les murs, construits plus tard et aujourd'hui en ruine, permettent encore de déterminer l'étendue. Mais il ne suffisait pas d'avoir pourvu au logement des carmes, il fallait leur assurer des moyens d'existence, et, bien qu'ils appartinssent à un ordre mendiant, il n'eût pas été prudent, peut-être, de laisser à la charité privée le soin de leur fournir les choses nécessaires à la vie. Pons de Mortagne s'engagea à les doter de 200 livres d'aumônes perpétuelles ou d'un capital de 2,000 livres, à la charge par eux de célébrer chaque jour, et à perpétuité, cinq messes pour le repos

---

(1) Je n'ai pu découvrir la date précise de la fondation du couvent. Un fragment des archives des carmes, copié par Dom Fonteneau et conservé dans son recueil manuscrit, (tome 52, p. 827-858) indique l'année 1355, mais cette date est évidemment erronée, puisque dès 1352 Pons de Mortagne faisait un traité avec le prieur du nouveau monastère.

de son âme. Quelques années après, voulant se libérer de cette dette, considérable pour l'époque, le fondateur du couvent abandonna aux religieux différents droits seigneuriaux qui lui appartenaient dans sa bonne ville d'Aulnay. Le 31 décembre 1352, un contrat fut passé entre Pons de Mortagne d'une part, et, d'un autre côté, le prieur du nouveau monastère, Bernard de Nouailhac, assisté du prieur provincial d'Aquitaine (1). Aux termes de cet acte, Pons de Mortagne « baille et assigne audit prieur et couvent d'Aulnay pour cent livres d'aumône perpétuelle son four dudit lieu d'Aulnay et tous émoluments accoutumés qui lui appartiennent. » Restaient 100 livres de rente pour lesquelles il abandonne des terres estimées 60 sols d'aumônes ou 30 livres de capital; de plus, « il leur alloue cinq setiers
« de blés annaulx, moitié froment, moitié mes-
« ture, dus par le moulin de Gasteuil, estimés
« cent sols ou cinquante livres une fois payés. »
Enfin les religieux reçoivent jusqu'à concurrence d'une somme de 408 livres, de l'argent comptant, des bestiaux, du blé, du vin et d'autres denrées. En même temps, Pons de Mortagne les investit d'un droit absolu de propriété sur leur couvent et ses dépendances, à la condition qu'ils lui paieraient chaque année et à titre d'hommage, 1 denier « à la nativité de notre Seigneur. » Les 50 livres de rente qui restaient encore dues, ne furent amorties qu'un demi-siècle plus tard par Jean de Clermont, successeur de Pons de Mortagne dans sa vicomté d'Aulnay. Par un acte du 8 avril 1402, il concéda aux carmes un droit d'usage dans sa forêt d'Aulnay, droit d'usage dont le contrat détermine avec soin

---

(1) Cession du four à ban d'Aunay et d'autres héritages, faite au couvent des carmes de ce lieu, par Pons de Mortagne, leur fondateur. — Recueil manuscrit de Dom Fonteneau conservé à la bibliothèque publique de Poitiers. — Tome 1er, p. 121.

la nature et limite l'étendue. Il consiste « en leur
« chauffage, tant pour eux que pour leurs ser-
« viteurs, à eux nécessaire, indifféremment,
« sans rien excepter. » En outre il leur donna
« puissance et autorité de prendre en sa dite
« fourest, bois tant pour bâtir et édifier leur dit
« couvent que pour l'entrétènement d'iceluy ;
« lequel bois pour bâtir, il veut être mené et
« conduit audit couvent par ses sujets qui lui
« doivent les bians (1) et corvées. » Enfin il leur
accorde un droit de pacage et de glandée pour
leurs bœufs, vaches et autres bestiaux, sans exi-
ger aucune redevance pour cette nouvelle libéra-
lité.

Afin de garantir l'exécution de cet acte et
d'empêcher que d'avides héritiers ne vinssent
plus tard disputer aux carmes les différents
droits qui leur sont concédés, le donateur fait
insérer à la fin du contrat une clause pénale
ainsi conçue : « Et en cas que nos héritiers et
« successeurs fussent aulcunement contredi-
« sants à la même donation du dit exploit (2),
« nous voulons et consentons qu'ils encourent
« la somme de trois mille livres applicable,
« icelle dite somme, savoir est : mille livres au
« roy, notre sire, et les autres deux mille au
« couvent, sans préjudice de tous despens, dom-
« mages et intérests. »

Ces précautions n'étaient pas inutiles et les
craintes de Jean de Clermont devaient plus tard
se réaliser. A la fin du xve siècle, les droits des
carmes sur la forêt d'Aulnay furent contestés
« par noble et puissant messire Eustache de
« Montberon, chevalier, vicomte d'Aulnay, sei-
« gneur de Mouleyvrier et de Masta », qui finit

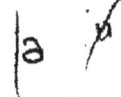

---
(1) *Bians.* — *Biennum, biannum* : *Bienna definiuntur in Consue-
tudine Picta viensi* (art. 99) : « Corvées tant d'hommes que de
bestes. » Ducange. *Glossarium mediæ et infimæ latinitatis.*
(2) Exploit me paraît être ici synonyme d'acte notarié.

par se désister de sa demande : une transaction du 11 décembre 1485, vint mettre un terme au procès (1). Le droit des carmes fut confirmé, et ils continuèrent comme par le passé, à prendre dans la forêt d'Aulnay tout le bois de feu ou de construction qui leur était nécessaire.

Désormais les vicomtes d'Aulnay, loin de chercher à restreindre les priviléges et les avantages accordés aux carmes, ne firent que les accroître et les étendre. Eustache de Montberon lui-même, oubliant ses anciens griefs, entérina quelques années plus tard, le 6 décembre 1492, une donation de 45 sols de rente faite aux carmes par Louis de Montberon, son oncle. En outre, il confirma le droit de chasse qui leur avait été octroyé par son aïeul, François de Monberon, qui s'exprimait ainsi dans l'acte de concession : « Item « leur donnons et à leurs futurs successeurs, en « franche et pure aulmône, que eux et chacun « d'eux ou par un d'eux, puissance de chasser « en nostre dite fourêt, et par tout nostre dite « vicomté, à toutes bestes sans en rien excepter « que le cerf, laquelle chasse ils pourront faire « en toutes formes ou manières soit à fils ou rai- « seaux, de matin ou de soir, moyennant que « leurs chiens soient sans queues et oreilles (2). »

II

La fin du xve siècle est l'époque de la plus grande prospérité du couvent, qui devait bientôt être privé de ses bienfaiteurs. En 1504, la vicomté d'Aulnay, saisie réellement sur Eustache de Montberon, fut adjugée à Louise de Savoie, mère de François Ier, pour la somme de 9,600 livres. A la mort de cette princesse, elle fit re-

---

(1) Transaction du 11 décembre 1485, présentes nobles personnes ; Christophe de Montberon, fils d'Eustache, André de Laboulaye, Thibaut-Pichot et Guillaume des Iles. — *D. Fonteneau*. I-139.

(2) *Dom Fonteneau*, t. 1er, p. 139.

tour à la Couronne (1531).

Ce changement de suzerain ne fut pas favorable aux intérêts des carmes. Les officiers royaux s'empressèrent de contester les droits d'usage qui leur avaient été accordés par Jean de Clermont dans sa forêt d'Aulnay. En vain les religieux produisirent l'acte constitutif en date du 8 avril 1402 ; cette pièce fut arguée de faux. Les carmes finirent cependant par triompher de cette première attaque, et, après un long procès, les juges en dernier ressort, joignant au principal l'instance de faux, rendirent en leur faveur un arrêt par provision (15 septembre 1554) qui les autorisait à prendre dans la forêt le bois nécessaire à leur four banal (1). Il fut enjoint en outre aux officiers du roi de « leur délivrer annuellement » par marque et montrée cent charretées de « bois mort et mort bois (2), si tant s'en peut « trouver, sinon du bois entre vert et sec, cha- « blis et le moins dommageable. »

III

Le couvent des carmes eut bientôt à traverser de plus rudes épreuves. A ces temps de prospérité devaient succéder des jours de tristesse et de désolation. Les idées de Luther, qui avaient pris naissance en Allemagne, s'étaient rapidement propagées. La doctrine du premier réformateur, modifiée par Calvin, n'avait pas tardé à pénétrer en France et à y faire de nombreux prosélytes. Le spectacle des mœurs dissolues de la cour de Rome n'était pas de nature à comprimer à leur

---

(1) Le dispositif de cet arrêt est relaté dans « la Réformation générale des forêts et bois de Sa Majesté en Poitou, page 27. — A Poitiers, chez Jean Fleurian, 1667, in-f°. J'aurai plus d'un emprunt à faire à ce rare et curieux recueil des sentences rendues en 1667, contre les usurpateurs des biens du domaine royal.

(2) *Mort-bois*, quoique vert et sur pied, est ainsi appelé par corruption pour *Maubois* ou mauvais bois, c'est-à-dire bois qui n'a ni fruit ni graine. Ferrière, dictionnaire de pratique. *Bois-Mort*.

origine, les désirs d'émancipation religieuse qui étaient alors un besoin pour toutes les consciences. La persécution impolitique exercée contre les nouveaux sectaires ne fit qu'en accroître le nombre et rendre leur foi plus ardente en excitant leur indignation. Bientôt ils coururent aux armes pour venger leurs frères livrés aux bûchers et conquérir par la force la liberté de conscience qu'on refusait à leurs prières. De ces dispositions hostiles, mises à profit par quelques princes ambitieux, naquirent les guerres de religion qui ensanglantèrent la France pendant la seconde moitié du xvie siècle. Tour à tour vainqueurs et vaincus, les deux partis luttèrent avec un acharnement sans égal, jusqu'au jour où Henri IV vint assurer à la France la tranquillité intérieure en laissant à chacun le droit d'honorer Dieu à sa manière.

Le couvent des carmes d'Aulnay ne devait pas échapper aux huguenots, qui exercèrent sur les moines de cruelles représailles. En 1568, le prince de Condé s'empara du château et de la ville d'Aulnay ; le monastère des carmes fut livré aux flammes par les calvinistes. Dix frères et cinq novices périrent massacrés. Le prieur, Louis Robin, père jubilé et profès d'Aulnay, fut pendu avec Pierre-Ayrault, Sacriste, au moment où ils allaient trouver un refuge dans le manoir des Portes. Un autre religieux, appelé Barbotin, qui n'avait pas eu le temps de s'éloigner, fut tué à coups d'arquebuse. Les frères Etienne Jamais et Jean Veillon échappèrent quelque temps aux recherches des soldats de Condé, mais ils ne tardèrent pas à être découverts ; envoyés à la Rochelle, ils y furent étranglés, et leurs corps, privés de sépulture, furent précipités dans la mer du haut de la tour du Garrot.

Ces religieux et d'autres encore (1), préférèrent le martyre à l'apostasie. Mais tous ne donnèrent pas ainsi l'exemple d'une foi inébranlable. En face du supplice, frère Jubert abjura ses croyances, se fit calviniste et se maria même à Aulnay, où il exerça la profession de charpentier. Plus tard il revint à la religion romaine, à un moment où sans doute le triomphe des catholiques paraissait assuré, mais la fortune ayant changé, ses convictions se modifièrent avec elle; il se fit de nouveau protestant et mourut quelque temps après cette troisième et dernière apostasie.

Le couvent ne fut pas mieux traité que les moines qui l'habitaient. Après avoir été pillé, il devint la proie des flammes ainsi que l'église. Les livres de la bibliothèque, les chartes et autres titres, apportés sur la place d'Aulnay, y furent brûlés publiquement. Le prince de Condé distribua les terres à ceux de son parti; et les habitants d'Aulnay, obéissant plus encore à la cupidité qu'à la crainte, se joignirent aux soldats pour achever la ruine du monastère; ils prirent les meubles qui n'avaient pas péri dans l'incendie, et emportèrent jusqu'aux tuiles et aux pierres.

Un seul carme, appelé Foulon, échappé au massacre de ses frères, revint habiter Aulnay quand les calvinistes eurent abandonné la ville. Autour de lui se groupèrent peu à peu quelques religieux qui s'établirent dans les ruines du monastère. Ils y étaient depuis plusieurs années déjà, quand ils obtinrent, le 2 novembre 1584, un arrêt de la Table de Marbre qui enjoignait aux officiers royaux de leur délivrer à l'avenir,

---

(1) Jean Brist, bachelier, alors prédicateur à Aulnay, René Boursault, François Chardon, Robert-le-Vieil, docteur en théologie, périrent également; je ne sais de quel genre de mort.

conformément à l'arrêt du 15 mars 1554, le bois de feu nécessaire à leur chauffage personnel et à celui de leur four banal. Mais s'ils avaient recouvré leur droit d'usage dans la forêt d'Aulnay, les carmes n'avaient pas les ressources nécessaires pour rétablir les constructions du couvent dans leur état primitif. Elles ne formaient encore, en 1613, qu'un amas de décombres, ainsi que le constate un rapport du commissaire-examinateur au bailliage d'Aulnay, Raymond Ripault. Il est dit dans le procès-verbal : « Que le couvent est
« entièrement ruiné, soit de cloître, dortoir et
« réfectoire, fors la ceinture des murailles et
« une chapelle où la messe se célèbre, sur la-
« quelle est une petite chambre où font à pré-
« sent les religieux, leur demeure, fort incom-
« mode, laquelle a été réédifiée depuis quelque
« temps. »

L'église (1) n'avait pas été non plus épargnée par les troupes du prince de Condé ; les vitraux avaient été brisés, les autels *rompus et gastés* et la toiture presque entièrement détruite.

IV

A partir de cette époque, le couvent des carmes commença à se relever de ses ruines, grâce aux aumônes des fidèles et aux efforts des religieux. Louis XIII leur vint lui-même en aide : par des lettres patentes du mois de juin 1614, il leur reconnut le droit de prendre dans la forêt d'Aulnay le bois dont ils auraient besoin pour la réparation de leur monastère. Mais cet acte de l'autorité royale rencontra une vive opposition de la part des seigneurs engagistes de la vicomté d'Aulnay. Profitant de la perte des titres qui avaient été brûlés en 1568, ils suscitèrent aux carmes de

---

(1) Cette église, construite sur le bord du chemin d'Aulnay à Dampierre, a été démolie à la fin du siècle dernier.

nombreuses difficultés dont ceux-ci finirent par triompher après une lutte de quarante années. Le temps et les éléments nous manquent pour retracer, dans tous leurs détails, les péripéties de ce procès interminable, dont je rappellerai seulement les phases principales. En 1632, les carmes firent procéder « par forme d'examen à futur » à l'audition des témoins dont ils entendaient se servir pour prouver la destruction des titres qu'ils ne pouvaient représenter, et l'existence de leurs droits d'usage dans la forêt d'Aulnay, antérieurement au grand désastre de 1568 (1). Cette enquête fut faite le 10 mars 1632, par Jean Guie, conseiller du roi et son lieutenant particulier au siége de Civray, accompagné de Jacques Fradin, substitut. Huit ans après, en 1640, un arrêt du parlement de Paris, donnant gain de cause aux carmes, leur attribua dans la forêt d'Aulnay 74 arpens de bois dont la coupe, estimée 3,476 livres, devait faire face à toutes les dépenses nécessitées par la reconstruction du couvent. Les adversaires des religieux, ne se considérant pas encore comme vaincus, usèrent de la dernière voie de recours qui leur était ouverte : ils se pourvurent devant le grand Conseil, mais cette juridiction suprême, loin de casser l'arrêt du parlement de Paris, le confirma purement et simplement (3 juillet 1659).

V

Désormais l'histoire du monastère n'offre plus jusqu'à la Révolution française qu'un médiocre intérêt. Au mois de juin 1655, Louis XIV confirma son droit d'usage dans la forêt d'Aulnay, par lettres patentes vérifiées au parlement le 17 janvier 1657, et enregistrées à la Table de Marbre, le 5 mai 1663. Les carmes ne devaient pas bénéficier longtemps de cette nouvelle reconnaissance

---

(1) *Dom Fonteneau*, t. 1er, p. 143.

de leurs droits. En 1667, l'intendant du Poitou reçut l'ordre de rechercher et de punir tous ceux qui s'étaient induement emparés des bois du domaine royal. Il se montra fort rigoureux dans l'accomplissement de la mission qui lui était confiée. Il n'admit que les prétentions qui s'appuyaient sur des titres incontestables. Les droits d'usage accordés aux carmes par Pons de Mortagne dans sa forêt et confirmés non-seulement par les héritiers, mais encore par les rois de France et Louis XIV lui-même paraissaient à l'abri de toute atteinte. L'intendant Barentin n'en jugea pas ainsi. Par une sentence rendue à Fontenay le 9 mai 1667, il fit expresses inhibitions et défenses à ces religieux de prendre à l'avenir dans la forêt d'Aulnay le bois nécessaire au chauffage de leur four banal et de leur couvent. Accusés en outre de dégradations et de malversations commises « sous couleur d'un prétendu droit d'usage », ils furent frappés d'une amende de 3,000 livres « envers sa majesté le roi de France. » (1)

Cet arrêt sévère étant rendu en dernier ressort, il fallut s'y soumettre ; il porta un coup funeste à la prospérité du couvent. Désormais les carmes furent obligés d'acheter leur bois, soit pour leur chauffage, soit pour l'entretien de leur four banal, dont les revenus, qui étaient leur principale ressource, furent ainsi considérablement amoindris. Au siècle suivant plusieurs habitants d'Aulnay refusèrent même d'y faire cuire leur pain, encouragés sans doute par l'exemple de Henri Amproux de la Massaye, seigneur engagiste, qui essaya de disputer aux carmes ce dernier débris des libéralités des anciens vicomtes d'Aulnay. Le procès qu'il leur intenta n'était pas encore jugé en 1747

---

(1) La réformation des forêts et bois de Sa Majesté en la province de Poitou, p. 33.

et j'ignore quelle en fut l'issue. (1)

Ces pertes pécuniaires devaient être suivies, cinquante ans plus tard, de bien plus grands désastres. Ce n'est pas en vain que les philosophes et les publicistes du xviii° siècle avaient battu en brèche le clergé, la noblesse et, en général, toutes les classes privilégiées. La révolution qui s'opéra d'abord dans les esprits éclata bientôt dans les faits, et le Tiers-Etat, qui supportait presque toutes les charges sans participer aux honneurs, renversa l'ancien édifice social pour le reconstruire sur des bases nouvelles ; la liberté civile, l'égalité de tous devant la loi.

Le couvent des carmes d'Aulnay devait, comme les autres établissements religieux, ressentir le contre-coup de cette réaction violente. Les moines furent dispersés et le monastère, avec toutes ses dépendances, fut confisqué au profit de l'Etat. Quelques années plus tard (1793) il fut vendu en plusieurs lots, comme bien national, en vertu des décrets des 14 mai et 16 juillet 1790.

EDMOND BOURCY.

---

(1) *Dom Fonteneau*, t. 52, p. 887.

www.ingramcontent.com/pod-product-compliance
Lightning Source LLC
Chambersburg PA
CBHW071450060426
42450CB00009BA/2362